Titel der Originalausgabe: *best bitch*

© 2019 Librero IBP (für die deutschsprachige Ausgabe)
Postbus 72, 5330 AB Kerkdriel, Niederlande

© 2016 Summersdale Publishers Ltd
Diese Ausgabe entstand in Zusammenarbeit mit Summersdale Publishers Ltd.

Übersetzung aus dem Englischen:
Gabriela Scolik, Wien
Redaktion und Satz der deutschen Ausgabe: Print Company Verlagsges.m.b.H., Wien

Printed in Slovenia

ISBN: 978-94-6359-332-8

Alle Rechte vorbehalten. Nichts aus dieser Ausgabe darf ohne vorherige schriftliche Zustimmung des Verlags elektronisch oder mechanisch vervielfältigt, gespeichert, veröffentlicht, fotokopiert oder aufgenommen werden.

.

best bitch

Librero

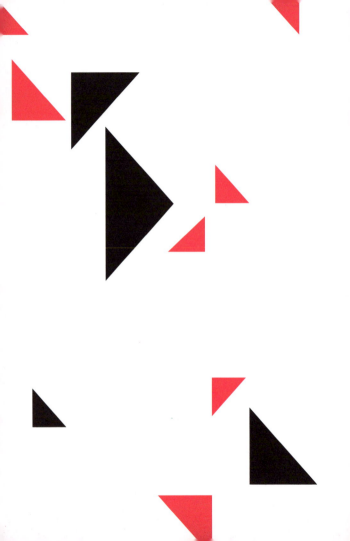

Wahre Freunde sind wie Diamanten: strahlend, schön, wertvoll und immer genau richtig.

Nicole Richie

Frauen sind das größte Reservoir an Talenten auf der Welt, das noch nicht erschlossen ist.

Hillary Clinton

Manche Mädels sind einfach mit Glitzer in ihren Venen geboren.

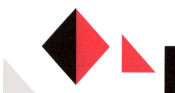

NIEMAND KANN DICH DAZU BRINGEN, DICH UNTERLEGEN ZU FÜHLEN, ES SEI DENN, DU LÄSST ES ZU.

Eleanor Roosevelt

> **Wenn eine Frau ehrgeizig genug, entschlossen und talentiert ist, gibt es praktisch nichts, was sie nicht tun kann.**
>
> Helen Lawrenson

Gib nie auf, denn genau hier und jetzt ändern sich die Zeiten.

Harriet Beecher Stowe

BITCH #1
BITCH #2

= BESTE FREUNDINNEN

Ich mag dich, denn wir hassen die gleichen Dinge.

MAN WIRD NICHT ALS FRAU GEBOREN, MAN WIRD ZU IHR GEMACHT.

Simone de Beauvoir

Man lebt nur einmal, aber wenn man's richtig macht, ist einmal genug.

Mae West

Du bist erwachsen, wenn du zum ersten Mal über dich selber lachen kannst.

Ethel Barrymore

VIELE LEUTE HABEN ANGST, ZU SAGEN, WAS SIE WOLLEN. DAHER KRIEGEN SIE AUCH NICHT, WAS SIE WOLLEN.

Madonna

SIE GLÄNZT WIE GLITZER UND SPRUDELT WIE CHAMPAGNER ...

UND IST SPITZ WIE STACHELDRAHT!

Wo immer wir sind, es sind unsere Freunde, die unsere Welt ausmachen.

Henry Drummond

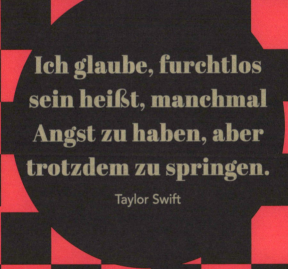

Ich glaube, furchtlos sein heißt, manchmal Angst zu haben, aber trotzdem zu springen.

Taylor Swift

PRINZESSIN?

NEIN BITCH, DU BIST EINE KÖNIGIN!

**Alles in meinem Leben,
jede Antwort,
jede Gelegenheit ist
immer meine
Entscheidung.**

Nicki Minaj

IMMER WENN ICH ZWEIFLE, SAGE ICH MIR – WENN NICHT ICH, WER DANN? WENN NICHT JETZT, WANN DANN?

Emma Watson

> Du hast alles, was du brauchst, um eine siegreiche, unabhängige und furchtlose Frau zu sein.

Tyra Banks

Nichts ist besser als eine Freundin, nur eine Freundin mit Schokolade.

Linda Grayson

BITCH-SQUAD

Gemeinsam Kotzen macht schnell zu alten Freundinnen.

Sylvia Plath

Das Leben ist viel leichter, wenn eine Frau ihre eigene beste Freundin ist.

Diane von Fürstenberg

Sie ist bombastisch!

**EIN FREUND
ALLER IST
NIEMANDES
FREUND.**

Aristoteles

**ICH HOFFE,
WIR BLEIBEN
FREUNDINNEN BIS
ZULETZT …**

UND DANN HOFFE ICH, DASS WIR DANACH ALS GEISTER GEMEINSAM DURCH HÄUSER SPUKEN UND LEUTE ERSCHRECKEN!

Ein guter Freund ist jemand, der dir die absolute Freiheit lässt, du selbst zu sein.

Jim Morrison

> Du kannst es nicht allein machen … Andere Leute und die Ideen anderer Leute sind manchmal einfach besser als deine.
>
> Amy Poehler

1 UNIVERSUM
7 OZEANE
9 PLANETEN
204 LÄNDER
809 INSELN

UND ICH HABE DICH GEFUNDEN!

Ich liebe meine Fehler. Sie machen mich zu dem, was ich bin.

Beyoncé

BITCHES KRIEGEN DINGE GEBACKEN.

Tina Fey

Geld interessiert mich nicht, ich möchte nur wundervoll sein.

Marilyn Monroe

Sei stark, liebe dich selbst und glaube an dich.

Emma Watson

WERDE NICHT VERBITTERT, SONDERN BESSER.

Alyssa Edwards

GIRL

GANG

Wenn du dich an alle Regeln hältst, hast du keinen Spaß.

Katharine Hepburn

Eine Frau ist wie ein Teebeutel – bevor sie im heißen Wasser ist, weißt du nicht, wie stark sie ist.

Anonym

Hör nicht auf die Hater!

DAS MUTIGSTE IST NOCH IMMER, SELBSTBESTIMMT ZU DENKEN. LAUT.

Coco Chanel

Das Leben ist zu kurz für Bullshit.

Naomi Campbell

Die Wahrheit macht dich frei, aber vorher kotzt sie dich an.

Joe Klaas

My baddest Bitch!

DIE SCHÖNSTE ENTDECKUNG BEI WAHREN FREUNDINNEN IST, DASS SIE GETRENNT VONEINADER WACHSEN KÖNNEN, OHNE AUSEINANDERZUWACHSEN.

Elisabeth Foley

DU LEBST NUR EINMAL,

DA KANNST DU RUHIG KNALLHART SEIN!

Kopf hoch, wir packen das!

Nur deine wahren Freunde sagen dir, wenn dein Gesicht schmutzig ist.

Sizilianisches Sprichwort

WIRKLICH BESTE FREUNDINNEN!

ICH MAG NICHT, WENN ANDERE LEUTE ENTSCHEIDEN, WER ICH BIN. ICH WILL FÜR MICH SELBST EINTSCHEIDEN.

Emma Watson

**Das Wichtigste ist nicht,
was sie über mich denken.
Das Wichtigste ist, was
ich über sie denke.**

Queen Victoria

Schau, dass dir deine Freunde nahe sind. Kauf deinen Feinden etwas Cooles.

Lena Dunham

DU BIST MEINE LIEBSTE BITCH ...

UM ÜBER ANDERE BITCHES ZU MECKERN!

Ich glaube, Frauen sind dumm, wenn sie versuchen, wie Männer zu sein. Sie sind den Männern überlegen und waren das schon immer.

William Golding

STEH ZU DIR!

Es ist leichter, mutig zu sein, wenn du nicht allein bist.

Amy Poehler

> Niemand konnte mir je sagen, ich könne etwas nicht, nur weil ich ein Mädchen bin.

Anne Hathaway

Seelenschwester

„WARUM ZUR HÖLLE NICHT ICH", SOLLTE DEIN MOTTO SEIN.

Mindy Kaling

Wir werden von niemanden so gut unterhalten wie von uns selbst.

Selbstzweifel sind tödlich. Du musst nur wissen, wer du bist und wofür du stehst.

Jennifer Lopez

Sag einfach Ja, alles andere wird sich schon regeln.

Tina Fey

WENN ZWEI GUT MITEINANDER SCHWEIGEN KÖNNEN, DANN IST ES WAHRE FREUNDSCHAFT.

David Tyson Gentry

**UNSERE LACHER?
ENDLOS!**

**UNSERE
ERINNERUNGEN?
ZAHLLOS!**

**UNSERE FREUNDSCHAFT?
TOTAL GENIAL!**

Eine Freundin ist jemand, der deine Vergangenheit versteht, an deine Zukunft glaubt und dich genauso akzeptiert, wie du bist.

Anonym

**Wir sind 1fach
2 good 4 you!**

SEI NICHT WIE DIE ANDEREN. FINDE DEINE STIMME, DEINEN TEXT UND DEINEN RHYTHMUS.

Jill Soloway

Es zählen nur die Freundinnen, die du auch um 4 Uhr früh anrufen kannst.

Marlene Dietrich

Nicht die Hilfe unserer Freunde hilft uns oftmals, sondern das beruhigende Wissen, dass sie uns helfen werden.

Epikur

ZU SCHÖN.
UM SICH WAS ZU SCH*!

Eine Freundin ist jemand, der dich nimmt, wie du bist, akzeptiert, was du wirst, und dir erlaubt zu wachsen.

Anonym

Sei immer die beste Version deiner selbst und nicht die zweitbeste Version von jemand anderem.

Judy Garland

ICH DACHTE, ICH SEI NORMAL ...

DANN TRAF ICH MEINE BESTE FREUNDIN!

Falls du glaubst, dass du zu klein bist, um etwas zu bewirken, dann versuche mal zu schlafen, wenn eine Mücke im Raum ist.

Dalai Lama

FRECH
GEBOREN

> Mir ist egal, was über mich geschrieben wird, solange es nicht die Wahrheit ist.
>
> Dorothy Parker

Stelle dein Licht nie für andere in den Schatten.

Tyra Banks

MÄNNER HAT MAN ZEITWEISE,

BESTE FREUNDINNEN FÜR IMMER.

Fürchte dich nicht vor dem Gerede der Leute, du wirst nie alle glücklich machen können.

Selena Gomez

ICH BESTIMME, WANN ICH SCHÖN BIN. ICH BESTIMME, WANN ICH STARK BIN. DU WIRST MEINE GESCHICHTE NICHT BESTIMMEN, NUR ICH SELBST.

Amy Schumer

SIE GLAUBTE, SIE KÖNNTE ...

UND TAT ES.

Mädels sollten kein Angst haben, smart zu sein.

Emma Watson

**Das Leben ist ein Miststück.
Geh raus und tritt ihm in den Hintern.**

Maya Angelou

DENKE WIE EINE KÖNIGIN. EINE KÖNIGIN HAT KEINE ANGST, ZU SCHEITERN. SCHEITERN IST NUR EIN WEITERER SCHRITT AUF DEM WEG ZUR GRÖSSE.

Oprah Winfrey

MEINE LIEBSTE UND BESTE FREUNDIN,

ICH WÜSSTE NICHT, WAS ICH OHNE DICH ANFANGEN SOLL.

Ich bin hartnäckig, ehrgeizig und ich weiß genau, was ich will. Wenn mich das zur Zicke macht, dann ist das für mich in Ordnung.

Madonna

EINE BESTE FREUNDIN IST EIN VERSPRECHEN ...

NICHT NUR EINE BEZEICHNUNG!

Bitches for life

LASS DIR VON GENAU NIEMANDEN SAGEN, DASS DU NICHT SO SEIN KANNST, WIE DU BIST.

Lady Gaga

#GIRLPOWER

Ich habe keine Angst; ich wurde dafür geboren.

Jeanne d'Arc

Wenn eine Frau eine Legende sein will, dann soll sie einfach hingehen und eine sein.

Calamity Jane

SEI VOR ALLEM DIE HELDIN DEINES LEBENS UND NICHT DAS OPFER.

Nora Ephron

WIR WERDEN IMMER BESTE FREUNDINNEN SEIN,

WEIL DU ZU VIEL WEISST.

Nichts kann dein Licht in den Schatten stellen.

Maya Angelou

Frauen wurden dazu erzogen, leise zu sprechen und Lippenstift zu tragen. Diese Tage sind vorbei.

Bella Abzug

FUNKTIONIERENDE FREUNDSCHAFTEN UNTER FRAUEN SIND BEZIEHUNGEN, IN DENEN FRAUEN EINANDER HELFEN, ZU SICH SELBST ZU STEHEN.

Louise Bernikow

OMG, JA VOLL!

Eine gute Freundin ist wie ein vierblätteriges Kleeblatt: schwer zu finden und sie bringt Glück.

Sarah Jessica Parker

BLEIB RUHIG ...

UND LIEBE DEINE BFF!

Die besten Freundinnen wissen genau, wer du bist, und lieben dich trotzdem.

Edna Buchanan

DER BESTE SPIEGEL IST DAS AUGE DEINES FREUNDES.

Gälisches Sprichwort

UMGIB DICH MIT DINGEN, DIE DU LIEBST ...

VERGISS DEN REST!

Ich glaube fest daran, dass es am besten ist, sich so zu akzeptieren, wie man ist, und sich keine Sorgen darüber zu machen.

Jennifer Lawrence

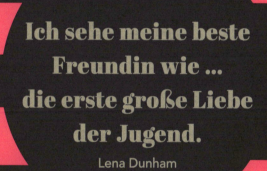

Ich sehe meine beste Freundin wie … die erste große Liebe der Jugend.

Lena Dunham

LEISE ALT WERDEN? KEINE CHANCE.

WIR WERDEN NOCH DAS ALTERSHEIM GEMEINSAM ROCKEN.

Ich hänge nur mit Göttinnen ab.

HABE KEINE ANGST, FÜR DICH SELBST ZU SPRECHEN. KÄMPFE IMMER WEITER FÜR DEINE TRÄUME!

Gabby Douglas

Eine Frau sollte zwei Dinge wissen: wen und was sie will.

Coco Chanel

Haltung ist alles.

Diane von Fürstenberg

**RESTING
BITCH FACE**

Vergeude keine Energie mit dem Versuch, Meinungen zu beeinflussen oder zu verändern. Mach einfach dein Ding und kümmere dich nicht darum, ob andere es mögen.

Tina Fey

Du bist nur einmal jung, kannst aber dein ganzes Leben unreif bleiben.

Germaine Greer

JEDER TAG, DEN ICH MIT DIR VERBRINGE, IST MEIN LIEBLINGSTAG. ALSO IST HEUTE MEIN NEUER LIEBLINGSTAG.

A. A. Milne

Das kann uns egal sein!

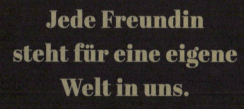

> Jede Freundin steht für eine eigene Welt in uns.
>
> Anaïs Nin

Wirkliche Freundschaft übersteht Zeit, Distanz und Schweigen.

Isabel Allende

ZUERST DIE FAMILIE.

DANN DIE ARBEIT.

ALS DRITTES REVANCHE.

Lena Dunham

Wenn du den Wert der Freundschaft nicht begriffen hast, hast du nichts begriffen.

Muhammad Ali

Andere Frauen sollten dich motivieren, faszinieren, herausfordern und inspirieren.

Taylor Swift

HOLY SHIT BITCH –

DU BIST DIE BESTE!

Manchmal musst du einfach Lippenstift auflegen und so tun, als wärst du begeistert.

Mindy Kaling

#SQUADGOALS

Dumm auszusehen und sich nicht darum zu scheren bedeutet Macht.

Amy Poehler

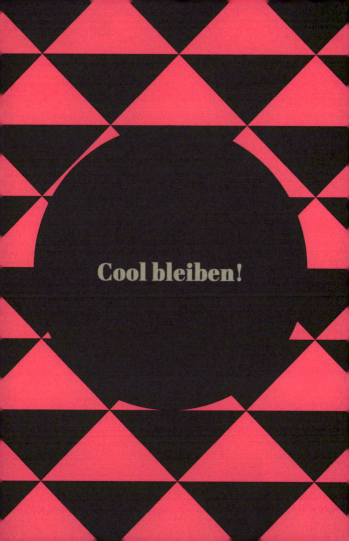

Gute Freundinnen helfen dir, die wichtigen Dinge wieder zu finden, wenn du sie verloren hast ... dein Lächeln, deine Hoffnung und deinen Mut.

Doe Zantamata

NAMASTE,
BITCHES

BILDNACHWEIS

S: 4, 7-8, 14, 17-18, 26, 28, 30, 34, 39, 42, 46, 51-52, 56, 61-62, 68, 70, 72, 76, 81-82, 86, 89, 92, 98, 101, 104, 112, 115-116, 122, 125, 128, 136, 139-140, 144, 147-148, 154, 157-158
© elyomys/Shutterstock.com

S 11, 33, 55, 75, 95, 103, 121, 143
© Piotr Przyluski/Shutterstock.com

Coverbild © elyomys/Shutterstock.com